De la même auteure :

Théâtre édité

- *The girls from 5 & 10¢*. Ubu Repertory Theater, 1988
- *When I was grown up*. In «Women & Performance», 1989
- *Les filles du 5-10-15¢*. Lansman, 1993, 1998
- *Game of patience*. Ubu Repertory Theater, 1994
- *Quand j'étais grande*. Le bruit des autres, 1994
- *Jeux de patience*. VLB, 1997
- *Quand le vautour danse*. Lansman, 1997

Théâtre inédit

- *La camisole rouge (Babylone)* (1989)
- *Shahrazade* (1992)
- *Apatride* (1993)
- *La possession du prince* (1993)
- *Le Ramayana* (1995). Adaptation du poème épique indien
- *Les rues de l'alligator* (1997)

On lui doit également des nouvelles, des textes de fiction radiophonique, des chansons, etc.

◆

Née au Liban, Abla Farhoud immigre au Canada au début des années cinquante. Comédienne dès l'âge de 17 ans, elle joue principalement à la télévision de Radio-Canada. Elle écrit sa première pièce de théâtre, *Quand j'était grande*, en 1982.

Huit de ses textes ont été produits ou mis en lecture au Québec ainsi qu'au Canada, aux Etats-Unis, en France, en Belgique et au Liban. Elle a reçu le Prix Arletty de l'Université de la Langue française en 1993. *La possession du prince* a obtenu le Prix Théâtre et Liberté de la SACD à Paris en 1993 et *Jeu de patience* a été finaliste des Masques 95 au Québec (meilleur texte original).

Abla Farhoud, qui se consacre aujourd'hui essentiellement à l'écriture, a publié récemment un roman, *Le bonheur a la queue glissante*, aux éditions de l'Hexagone à Montréal.

D/1998/5438/234 ISBN 2-87282-233-X

- Théâtre -

Les filles du 5-10-15¢

Abla Farhoud

- 2e édition -

- Editions Lansman -

Les personnages :

- Amira, 19 ans.
- Kaokab, sa soeur, 16 ans.
- Anne-Marie, jeune cliente et amie de Kaokab, 7 ans.
- Trois clients et trois clientes, un camionneur, des passants et passantes de tous âges.

Tous les rôles secondaires peuvent être interprétés par un seul acteur et une seule actrice.

Le cadre :

Début des années 60, à Saint-Vincent-de-Paul, petite ville de la banlieue montréalaise. La pièce commence vers le 15 août et se termine vers le 15 décembre. Elle pourrait cependant tout aussi bien se passer en quatre jours, un an ou même deux.

Le temps s'écoule sans véritable changement, dans un climat d'ennui, de routine, confirmant l'inexorable réalité : cette situation pourrait durer longtemps, très longtemps, éternellement...

Au premier plan, la rue et le trottoir, puis le balcon et l'intérieur du magasin que l'on voit à travers la porte vitrée et la vitrine. Dans le fond, une petite porte qui mène au cagibi. Peu à peu, l'espace - donc l'univers de Kaokab et Amira - se rapetisse à cause des boîtes que le camionneur ne cesse d'apporter. Sur le trottoir, on imagine un va-et-vient constant de passants qui s'arrêtent parfois pour regarder la vitrine.

Amira et Kaokab portent des tenues de travail identiques, à l'un ou l'autre détail près. Leur apparence générale est cependant très différente. Les vêtements d'Amira sont impeccables ; ses cheveux sont bien coiffés et elle est légèrement maquillée. Kaokab, par contre, est plutôt débraillée : vêtements déboutonnés ou boutons manquants, cheveux en bataille, pas de maquillage... Au début de la scène 9, la tenue d'Amira apparaît soudain plus négligée.

◆

La pièce a été créée en novembre 1986 à Montréal au Théâtre de Quat'Sous dans une mise en scène de Lorraine Pintal et en septembre 1992 à Limoges à l'Espace Noriac par le Théâtre International de Langue Française (mise en scène de Gabriel Garran) dans le cadre du Festival International des Francophonies en Limousin.

1.

Amira est à l'intérieur de la vitrine. Kaokab est devant un énorme tape recorder[1] *des années 60. Il est placé dans un endroit retiré du magasin, un peu comme s'il n'appartenait pas à ce décor fait de comptoirs bourrés de choses à vendre. Kaokab appuie sur le bouton "rewind" puis sur "play". On entend sa voix.*

Voix de Kaokab *(hésitante)* : Cher papa, chère maman... Non, je peux pas dire ça, ça sonne faux en français. Je recommence. ... Ya bayé, ya immé... ana Kaokab[2], tout ce que je vais vous dire, Amira va vous le traduire... C'est trop difficile pour moi de vous parler en arabe. Je sais seulement des mots de tous les jours, des mots pour boire et pour manger. Mais depuis que je travaille ici... tout est différent et... même en français... je trouve ça... difficile à dire. J'espère qu'Amira pourra me comprendre et traduire comme il faut... Ya bayé, ya immé, vous dites toujours qu'Allah est bon... que rien n'est grave... que tout va passer... mais... est-ce que c'est grave de faire une chose... qu'on n'aime pas... et continuer pareil ? Toi, tu n'aimes pas le Canada... et tu veux partir... Ya bayé, ya immé... pourquoi... on est partis de notre pays ? Pourquoi... je travaille ici ? Est-ce que je suis née... pour travailler ici ?

(Kaokab arrête l'appareil et le remet en position d'enregistrement. Elle prend une grande respiration. Elle ferme les yeux et se concentre très fort)

Kaokab : Je voulais vous dire... Je voulais vous dire... Je voulais vous dire...

(Elle n'y arrive pas. Elle arrête la bande et appuie sur le bouton "rewind")

Amira : Kaokab, viens m'aider, veux-tu ? ... Kaokab !

(Amira défait la vitrine d'été. Elle décroche les vêtements, les secoue, les plie et les donne à Kaokab qui les range. Elle a des épingles dans la bouche. Kaokab lui tend

1 Magnétophone

2 *Papa, maman... c'est moi Kaokab*

la boîte à épingles et lui fait signe de les déposer. Amira continue à s'affairer. Kaokab, espiègle, mime Amira avalant les épingles, s'étouffant, mourant. Elle caricature l'affolement général : l'un s'arrache les cheveux, l'autre se frappe la poitrine, le troisième tombe par terre et ne peut plus se relever, le quatrième déchire ses vêtements...)

Kaokab : Bon, bon, j'ai compris...

(Amira lui fait signe d'arrêter de faire le pitre et de se dépêcher. Kaokab arrête net son jeu et va placer la marchandise. Elle fait entendre quelques hoquets comme si elle avait beaucoup trop pleuré et qu'elle n'arrivait pas à s'arrêter. Un camionneur entre. Il transporte une boîte qu'il dépose près de la caisse. Il sort une feuille de sa poche et rentre les deux autres boîtes restées sur le balcon. Kaokab compte les boîtes, signe le papier et le remet au camionneur. Il sort. Kaokab commence à ouvrir les boîtes)

Amira *(de la vitrine)* : Ce sont les fournitures d'école ?

Kaokab *(sans s'arrêter d'ouvrir les boîtes)* : Oui.

Amira : Ouvre-les pas tout de suite, rentre-les dans le cagibi. Je les checkerai tout à l'heure.

(Kaokab ouvre une boîte de crayons. Elle en aiguise un et le sent. Elle prend un cahier et le caresse. Elle est triste, très triste. Elle ouvre le cahier et écrit. Son écriture devient de plus en plus large, son geste de plus en plus violent. Elle finit par déchirer la page et le cahier en petits morceaux. Elle casse le crayon et s'apprête à en casser d'autres)

Kaokab : Laych[3] ? ... Laych, laych, laych... ?!

Amira : Calme-toi, Kaokab, tu sais bien que ça ne sert à rien.

(Dans sa rage, Kaokab empoigne une boîte, la lève comme si c'était une plume et va la jeter dans le cagibi. Elle revient tout aussi vite, en prend une autre et fait de même. Amira lui ôte la troisième boîte des mains).

Amira : Eh ! Les encriers ! Laisse, je vais le faire.

[3] *Pourquoi ?*

(Elle entre dans le cagibi en emportant la dernière boîte. Un temps. Une cliente entre)

Kaokab *(après une grande respiration)* : Bonjour, madame. Est-ce que je peux vous aider ?

La cliente : Je voudrais du fil bleu poudre numéro 50. Tenez, v'là le p'tit bout de matériel. Donnez-moi un ton plus foncé si y a pas tout à fait la même teinte. *(Kaokab trouve le fil, le défile et le met sur le bout de tissu. Elle le lui montre)* C'est pas mal correct. Je vas en prendre deux. Vous saviez ça, que c'est toujours mieux de prendre le fil plus foncé que le matériel ? Quand le fil est cousu, si y est plus foncé, on dirait qui disparaît. Si y a le malheur d'être plus pâle, oh ! ben, c'est pas mêlant, on voit pus rien d'autre que la couture. C'est pas ben ben beau !

Kaokab : Oui, je sais. Ma soeur me l'a dit.

La cliente : Où est-ce qu'elle est vot' soeur ? Je l'ai pas vue. Est pas malade, toujours ?

Kaokab : Non, elle est en arrière. On a reçu beaucoup de marchandises aujourd'hui. Est-ce que vous avez besoin d'autre chose, madame ?

La cliente : Je penserais pas, mais je vas faire le tour. Peut- être ben que je me laisserai tenter.

(La cliente fait le tour du magasin. Elle touche à tout, déplace les affaires et les replace. Pendant ce temps, Kaokab est plantée là, debout, à attendre. Visiblement, elle s'ennuie)

La cliente : Vous avez reçu du nouveau.

Kaokab : On a reçu le linge d'hiver.

La cliente : Déjà ?

Kaokab : Déjà.

La cliente : Je gage que vous avez serré[4] tout votre linge d'été.

Kaokab : Pas complètement.

4 Rangé

La cliente : Des petits halters[5] en élastique, y vous en reste- tu ? Vous savez, ceux qui ont une petite épaulette... comme une bretelle, un peu plus large qu'une bretelle ordinaire... qui tombe sur l'épaule si on veut.

Kaokab : Oui. Je pense que oui.

(Kaokab va au comptoir en question)

La cliente : Sont-tu en spécial[6] ?

Kaokab *(criant)* : Amira, est-ce qu'ils sont en spécial les halters à bretelle ?

Amira *(passant le bout du nez)* : Les quoi ?

La cliente : Les halters.

Amira : Ah ! Bonjour, madame Therrien.

La cliente : Bonjour, vous. Y a-tu un spécial sur les halters à bretelles ? La saison est pas mal finie.

Amira : Je vais les laisser aller à 1.19 $ chacun. Encore mieux : si vous en prenez deux, ce sera moitié prix. Deux piastres[7] pour deux halters ! *(En la taquinant)* Vous pouvez pas dire que c'est cher, hein, madame Therrien.

La cliente : Oh ! non, c'est un beau spécial. Vous êtes ben fine ! Avec ça je vas être prête pour l'été prochain. J'aime ça être en avance ! *(Kaokab soupire, elle montre un halter à la cliente)* C'est en plein ça. Vous l'auriez pas dans le bleu poudre, le même bleu que le petit bout de matériel que je vous ai montré ? C'est pour aller avec le pedal pusher[8] que je suis en train de me faire...

Kaokab *(regardant dans les boîtes)* : Non, malheureusement. On a pas de bleu poudre. Y a du noir, du rouge et du bleu marin.

La cliente : Qu'est-ce qui irait bien avec le bleu poudre, vous pensez ?

Kaokab : Je sais pas moi... Est-ce qu'il y a une autre couleur sur votre pedal pusher ?

5 Corsage, bustier
6 En promotion
7 Nom familier du dollar canadien
8 Pantalons corsaires

La cliente : Attendez donc... Ben oui, j'ai un petit rik-rak[9] bleu marin juste en bas du genou pis sur les deux petites poches d'en avant.

Kaokab : Alors prenez-en un bleu marin.

La cliente : C'est une bonne idée. Pis l'autre, je vas le prendre noir. Ça va avec tout. Merci vous êtes ben fine. D'habitude c'est vot' soeur qui me sert mais vous avez l'air pas mal fine vous aussi. J'ai tu besoin de l'essayer ?

Kaokab : Si vous voulez. Mais ça fait à tout le monde. Ça s'étire.

La cliente : Je pense que j'aimerais mieux l'essayer. Tout d'un coup que ça s'étirerait pas assez.

Kaokab : Là, derrière le comptoir du fond.

(Kaokab est seule. Elle prend de grandes respirations : sensation d'un poids qui oppresse sa poitrine. Le temps passe. Elle prend une boîte d'allumettes. Elle en allume une, deux, trois. Elle regarde le feu. Elle est fascinée. La cliente sort du coin essayage. Kaokab souffle vite sur l'allumette)

La cliente : Pis y font bien à part de ça. Je vas les prendre tous les deux. Combien je vous dois ? Oubliez pas les deux rouleaux de fil, là.

Kaokab *(pointant sur la caisse)* : $2 plus 11¢ plus 11¢ égale $2.22. $2.22 plus 2% de taxe, ça fait $2.27, madame.

La cliente *(en payant)* : Comment elle s'appelle déjà vot' soeur ? Elle me l'a déjà dit, mais je m'en souviens jamais.

Kaokab : Amira.

La cliente : Ah oui ! c'est ça, Amira. *(Elle le prononce d'une drôle de façon)* Pis vous, vous vous appelez comment ?

Kaokab : Kaokab.

La cliente : Comment ? Ka...kab.

Kaokab : Ka-o-kab.

9 Feston

La cliente : Excusez-moi. Vous savez, nous aut' on est pas habitués...

Kaokab *(avec un sourire triste)* : C'est pas grave.

La cliente : Ben bonjour là, A... A... En tout cas, vous lui direz bonjour. Est ben fine vot' soeur. C'est une ben bonne fille. Est comme nous aut'... Est vraiment comme nous aut'... Ben bonjour là, Ka...

Kaokab : Kaokab.

La cliente : C'est ça.

Kaokab : Bonjour, madame Therrien. Merci.

(Un temps. Kaokab va vers la porte. Elle se colle le nez à la vitre de la porte. Des filles de son âge passent sur le trottoir. Puis un garçon et une fille qui se tiennent par la main. Elle va vers le tape recorder. Après avoir pris une grande respiration, elle enregistre)

Kaokab : Ya bayé, ya immé... Je veux vous dire... je veux vous dire... *(Elle n'arrive pas à continuer, des sanglots lui montent à la gorge. Elle stoppe l'appareil. Elle se ressaisit et recommence après avoir repris une grande respiration)* Ya bayé, ya immé... Je veux vous dire... j'ai beaucoup de choses à vous dire... mais je n'arrive pas... Je veux vous dire...

(Anne-Marie colle son nez à la vitrine puis à la porte. Elle se décide enfin à entrer et se dirige vers Kaokab plongée dans ses pensées)

Anne-Marie : Est-ce que je peux regarder ?

Kaokab *(la regardant d'abord avec de gros yeux puis avec un beau sourire)* : Bien oui. Tu peux même toucher si tu veux.

Anne-Marie : Je peux tout faire ?! T'es fine toi, madame.

Kaokab : Je m'appelle pas madame, je m'appelle Kaokab. Et toi ?

Anne-Marie *(déjà en train de toucher)* : Anne-Marie.

(Kaokab la regarde tendrement. Puis elle va chercher un globe terrestre qu'elle fait rouler distraitement entre ses mains)

Kaokab : Anne-Marie, viens voir !

Anne-Marie : Oh ! Que c'est beau ! C'est quoi, ça ?

Kaokab : C'est un globe terrestre... le monde entier... la planète Terre.

Anne-Marie : C'est petit, la Terre !

(Kaokab acquiesce de la tête. Elles restent toutes deux immobiles, silencieuses, rêveuses)

Anne-Marie : Faut que je m'en aille. Bonjour Kaokab.

Kaokab : Bonjour, Anne-Marie. Tu reviendras ?

(Elle la suit du regard. Anne-Marie lui sourit et lui fait un dernier signe de la main. Amira arrive avec deux seaux d'eau, des chiffons, un lave-vitre avec manche. Elle accroche un seau à la main libre de Kaokab et lui met des chiffons sous les bras et sur la tête. Kaokab reste quelque temps dans cette position et regarde la bande magnétique qui tourne sans son. Amira est déjà sortie et commence à laver les vitres extérieures. Kaokab se décide enfin à entrer dans la vitrine et se met au travail sans grand enthousiasme. Amira lui montre les endroits mal lavés. Kaokab est convaincue que c'est du côté d'Amira et retrouve petit à petit sa bonne humeur. Elles se taquinent et se font des grimaces dans le plus grand silence. Une cliente passe sur le trottoir. Elle s'arrête en voyant Amira)

La cliente : Bonjour, ma noire.

Amira *(avec un sourire chaleureux)* : Bonjour, madame Archambault. Ça va bien ?

La cliente : Ça va bien. Quand il fait beau, ça va bien. Si ç'avait été de même tout l'été, on aurait pas eu à se plaindre.

Amira : Je vais dire comme vous, y a pas fait bien beau !

La cliente : Mon doux seigneur ! Y en est-tu tombé de la pluie ! Mais aujourd'hui, on peut pas se plaindre. Ah ! seigneur si ça pouvait donc durer ! Pour un petit bout de temps, au moins... ça doit pas être drôle pour vous autres, des étés de même. Dans votre pays ? Il faisait chaud tout le temps, hein, dans votre pays ?

Amira : Presque tout le temps.

La cliente : Ça doit vous manquer, en pas pour rire[10] !

Amira : Des fois. Mais ça fait rien, j'aime ça ici.

La cliente : Vous aimez ça ?

Amira : Oui. J'aime ça. Vous avez pas l'air à me croire.

La cliente : Je vous crois, je vous crois. Mais je comprends pas. Ah ! non, je comprends pas. Je comprends pas comment on peut partir de son pays... pis aimer ça. Moi, en tout cas, moi, là...

(Pendant la conversation, Kaokab sort de la vitrine, emportant avec elle la pancarte "Magasin à vendre - Store for sale" qui était placée dans un coin. Elle revient affublée d'une perruque blonde et d'une jupe à crinoline. Elle tient la pancarte bien en évidence et marche en se déhanchant, imitant ainsi les stars de l'époque : Marilyn Monroe, Brigitte Bardot, Elaine Bédard ou les trois à la fois. Dans un premier temps, Amira la trouve drôle puis, discrètement, elle lui fait signe de rentrer. Kaokab continue, feignant de ne pas la voir. Les gestes d'Amira deviennent de plus en plus insistants, sans aucun résultat)

La cliente : J'avais pas remarqué que votre magasin était à vendre. Vous voulez pas retourner dans votre pays, toujours ?

Amira : On ne sait pas encore. Il faudrait d'abord vendre !

La cliente : Mais vous venez de dire que vous aimez ça ici ?

Amira : J'aime ça, mais c'est pas moi qui décide, madame Archambault.

La cliente : C'est votre père, hein ? Eh seigneur ! Qui a donc l'air à s'ennuyer, cet homme-là ! Avant, quand il travaillait avec vous, y était moins pire, on dirait. Depuis qui est tout seul dans son magasin de chaussures... Qu'est-ce que vous voulez, les bottes pis les souliers ça s'use moins vite que les bas de nylon. Une chance ! Ça fait que... y s'ennuie, pauvre diable ! Y marche pis y marche, pis y soupire, pis y égrène son chapelet, pis y prie...

10 Beaucoup

Amira : C'est pas un chapelet de prière, madame Archambault.

La cliente : Je me disais ben, aussi. Des gros grains de même, c'est pas normal pour un chapelet. Pis court comme ça, ça se peut pas. Pis la couleur est ben trop voyante ! ... En tout cas, c'est pas facile, hein, c'est pas facile... Ben bonjour là. J'espère que vous allez changer d'idée. On vous aime bien, vous savez. On s'est habitués à vous autres.

Amira : Bonjour, madame Archambault.

(Amira rentre dans le magasin, se dirige vers la vitrine et, sans dire un mot, ferme les stores vénitiens. Kaokab sort de la vitrine, enlève sa perruque et la met sous le comptoir de la caisse. Elle va vers le fond du magasin, entre dans la cabine d'essayage)

Kaokab : Je te dis que le magasin se vendra pas. Ça se vendra pas ! A vingt ans, on sera encore là. A trente, à quarante ans, on sera encore là. On va moisir ici, je te dis. On va être toutes ratatinées. On sera même plus capables de sourire. On va être pleines d'arthrite à force d'avoir froid. On va être toutes grosses à force de manger du chocolat.

Amira : On va finir par le vendre. Sois patiente.

(Amira va ouvrir les stores et prépare la vitrine "rentrée des classes")

Kaokab : Ça fait deux ans qu'on dit ça. Personne veut acheter. Personne est venu s'informer du prix, même ! Je les comprends ! Le monde est pas fou comme nous autres. *(Elle va accrocher son déguisement sur un cintre du magasin)* Je les comprends donc ! Pis, ils ont peut-être pas deux filles aussi niaiseuses que nous autres qui accepteraient de rester là, à longueur de journée. Si au moins... Si au moins... on prenait des vacances.

Amira : Des vacances !

Kaokab : Ça l'air à t'étonner. Va-can-ces. C'est un mot français ! Tout le monde connaît ça. Quand une personne travaille toute l'année, elle prend des vacances ! Quand

Mounir finit son collège, il est en vacances. Hou ! Hou ! Réveille ! VACANCES !

Amira : Ben oui, ben oui, je sais ce que ça veut dire. Mais comment on dit ça déjà en arabe ?

Kaokab : Je sais pas, moi. Ça doit même pas exister. Au village chez nous, ils prenaient pas de vacances... je suppose.

Amira : Arrête de parler. J'essaye de trouver le mot.

Kaokab : Si on veut partir en vacances, faudrait en parler à papa...

Amira : Tu veux partir en vacances ?

Kaokab : Je suis sûre que tu oseras pas lui en parler.

Amira : Tu veux partir en vacances, pour vrai ?

Kaokab : Oui, pour vrai. Mais il voudra pas. Je suis sûre qu'il voudra pas. Mais... Si toi, tu lui demandais... peut-être que... Mais tu oseras pas, je sais que tu oseras pas.

Amira : Pourquoi j'oserais pas ? Papa m'a jamais rien refusé.

Kaokab : Tu lui as jamais rien demandé non plus !

Amira : Je fais tout ce que je veux.

Kaokab : O.K. D'abord demande-lui. Demande-lui donc de nous laisser partir... C'est tranquille après les fêtes. Mais il faudrait que tu saches comment on dit "vacances" en arabe. Sinon, on va être bien mal prises.

Amira : Je vais me débrouiller.

Kaokab : T'as envie de partir, au moins ?

Amira : Hum... je sais pas... Mais si tu veux que je lui demande, je vais lui demander.

Kaokab : Mais imagine-toi. Imagine ! Partir toutes les deux au soleil. Au soleil ! Plus de poussière, plus de néon ! Non... Il me semble que ça se peut pas.

Amira : T'en fais pas... Papa m'a jamais rien refusé.

2.

Amira et Kaokab sont assises autour de la fournaise. On entend "Psychologie de la vie quotidienne", émission du matin de Radio-Canada. Amira prend des oranges et en donne une à Kaokab qui la fait tourner doucement dans ses mains puis la passe d'une main à l'autre en la lançant toujours un peu plus haut. Elle chantonne distraitement et se sert du rythme du jeu pour accentuer les mots.

Kaokab :

Dans les vergers de mon village
Y a du soleil à volonté
Dans les vergers de mon village
Y a des oranges à volonté
Dans les vergers de mon village
On a juste à les cueillir

(L'orange tombe)

On a juste à les ramasser
Orange, soleil, soleil, orange

(Kaokab se colle au poêle)

Est-ce que tu y allais, toi, en cueillir des oranges ? Moi, je me souviens plus. Je sais pas pourquoi, à chaque fois que je mange une orange, ça me fait penser au Liban. On en mangeait-tu tant que ça, des oranges ?

Amira : Non.

Kaokab : Alors, pourquoi ça me fait toujours penser au Liban ?

Amira : Les oranges te font penser au soleil et le soleil te fait penser au Liban.

Kaokab : Ah oui... Sais-tu combien de jours de soleil il y a eu depuis le 21 juin ?

Amira : Non.

Kaokab : Treize.

Amira : Pas vrai !

Kaokab : Je te dis. Je les ai comptés.

(Elle va chercher son cahier en bas du comptoir de caisse)

Amira : Peut-être qu'ils ont raison ; on serait mieux au Liban.

Kaokab : Pour le soleil, oui, mais pour le reste...

Amira : Pour le reste aussi.

Kaokab : Ben oui ! Ben oui ! Tout est tellement mieux là-bas : les montagnes sont plus hautes, la mer plus bleue, les étoiles plus brillantes, la lune plus grosse, les fruits plus juteux, les légumes plus frais. La viande a plus de goût, les oiseaux chantent plus fort, les moustiques piquent moins... Le paradis terrestre, quoi ! Même les gens, là-bas, sont tous plus fins, ils ont tous plus d'honneur !

Amira : Ben voyons ! C'est une façon de parler. Les gens d'ici sont aussi fins et ont autant d'honneur.

Kaokab : Je sais bien. Mais pas pour lui ! Sharaf[11], Sharaf, Sharaf, il a toujours ce mot-là à la bouche. C'est sûrement pour ça qu'il veut pas qu'on sorte avec les Canadiens français.

Amira : Il nous l'a jamais dit.

Kaokab : Mais il nous le fait sentir, par exemple. A chaque fois qu'il y a une fête à son club, il veut nous amener. C'est pour pratiquer l'arabe qu'il dit... mais c'est surtout pour nous faire rencontrer des Libanais.

Amira : Pis.

Kaokab : Pis, ils sont plates, prétentieux et laids avec leur "banana nose" pis leur gros char[12]. Ils parlent juste l'anglais par-dessus le marché.

Amira : T'as rien qu'à apprendre.

Kaokab : Si au moins on nous avait mis à l'école anglaise en arrivant ici, on serait comme eux autres. Mais non ! Là, on est toutes seules. Pas d'amis canadiens français, pas d'amis libanais. Juste notre famille perdue au milieu d'étrangers. On pourrait vivre n'importe où dans le monde, ça serait pas différent. On serait en train de vendre des noix de coco ou de l'huile de phoque, au lieu du fil numéro 50, pis ça serait pareil. *(Silence)* As-tu parlé à papa ?

[11] *Honneur*

[12] Voiture

Amira : Non, pas encore.

Kaokab : T'attends quoi, au juste ?

(Amira ne sait que répondre. Le camionneur entre, portant deux boîtes. Il ressort aussitôt et revient avec d'autres boîtes. Amira vérifie et signe le papier. Le camionneur sort. Kaokab ne l'a pas vu. Elle est perdue dans ses pensées)

Kaokab *(comme à elle-même)* : On dirait qu'on vit toujours en attendant... en attendant... en attendant... En attendant quoi au juste ?

3.

Amira : Kaokab, arrête donc de lire ! Tu vois pas qu'il y a du stock qui vient d'arriver ? Tu vois pas que les comptoirs sont tout à l'envers ? Tu vois pas qu'il y a de la poussière partout ? *(Kaokab continue de lire)* Il faut sortir le linge d'hiver. Y a encore du linge d'été à serrer... Bouge un peu, attends pas que je te dise tout ! Si tu veux prendre des vacances, travaille au moins, lâche ton livre ! Il faut les gagner, nos vacances. *(Kaokab manifeste clairement qu'elle n'y croit pas beaucoup)* T'aurais donc dû rester à l'école...

Kaokab : Facile à dire.

Amira : ... Tu m'aides pas du tout. Ça fait presque un an et demi que t'es là et tu sais pas encore les prix. Première de classe... Mon oeil ! *(Moqueuse)* Amira, combien les peignes fins ? Amira, combien les nets[13] à cheveux ? Amira, penses- tu qu'on va les recevoir bientôt, les pantalons stretchés ? Amira, c'est-tu échangeable un patron "Symplicity" ? Amira, est-ce qu'il y a encore des verres à coke en arrière ? Je suis donc tannée d'entendre mon nom toute la journée ! La prochaine fois, je te répondrai plus. O.K. ? Je te répondrai plus. Débrouille-toi. Fouille un peu. Ecris les prix. T'en avais une tête pour arriver première en catéchisme, première en français, première en mathématiques. Ben, sers-toi-z-en !

[13] Filets

Kaokab : Si tu penses que je vais me servir de ma tête pour savoir si c'est 5, 10 ou 15 cents, 39 cents... ou 3 pour une piastre ? Sais-tu ? J'aime mieux te les envoyer, les clientes.

Amira : Ouais, ouais ! Pis ça veut partir en vacances... !

Kaokab : Excusez-moi, madame, pourriez-vous vous adresser à cette charmante demoiselle avec un beau sourire, là-bas ? Elle connaît tous les prix, de l'épingle à ressort aux jambières pour enfant, de la brassière strapless aux fleurs en plastique. Sans oublier toutes les bébelles de Noël. *(Avec dégoût)* Oh ! mon Dieu, Noël s'en vient !

Amira : J'allais l'oublier, la commande... C'était un très bon vendeur l'année dernière. Seigneur... on en a-tu vendu, des fleurs en plastique !

Kaokab : Ça lui arrive d'oublier, mais c'est si rare ! Je vous assure, madame, elle sait tout ce qu'il y a en magasin, des boîtes qu'on sort une seule fois par année jusqu'aux nouveaux arrivages, enveloppés dans du beau cellophane tout neuf, sans un scotch tape dessus. Elle connaît chaque article comme si elle l'avait fabriqué elle-même. Elle sait ce qu'on gagne sur chaque item, ce qu'on perd si on le vend pas, les couleurs qui manquent, les grandeurs qui se vendent bien, les modèles qui se vendent plus, ce qu'il faudrait mettre en spécial, ce qu'il faudrait acheter, ce qu'il faudrait ne plus acheter, ce qu'il faudrait liquider à tout prix avant la fin de la saison, ce qu'on pourrait garder sans risque. Elle connaît tout, madame, TOUT ! Elle calcule même plus vite que le cash[14]. Je me demande pourquoi on a une caisse. J'aurais juste à dire : "Amira, combien ça fait $1.29 plus 15 deux fois, plus 39, plus 98 ?" Pis elle me répondrait tout de suite : "Ça fait $4.33".

Amira : Ça fait $2.96 plus 2% de taxe... $3.02, nounoune.

Kaokab : Vous voyez, madame, je vous l'avais dit, ma soeur c'est une bol[15]. C'est la meilleure vendeuse de Saint-Vincent-de-Paul et même de Montréal ! Je suis sûre que si elle allait travailler chez Morgan, elle serait gérante tout de suite.

[14] La caisse enregistreuse

[15] Une championne

Amira : Ben oui ! Ben oui ! Continue ton théâtre, pendant ce temps-là je fais tout le travail toute seule. En tout cas, toi, tu risquerais pas de faire long feu chez Morgan.

Kaokab : Premièrement, ils me prendraient pas, je suis trop jeune. Et toi non plus, y te prendraient pas : tu sais même pas parler l'anglais.

Amira : Dans deux, trois mois, je vais le savoir. Ça fait quoi, ça fait trois mois que je prends des cours d'anglais, pis déjà, je me débrouille pas mal bien.

Kaokab : En tout cas, moi, j'aimerais mieux mourir, j'aimerais mieux crever de faim, j'aimerais mieux faire le trottoir que de travailler comme vendeuse.

Amira : Qu'est-ce que tu fais là, ma chère, tu travailles pas comme vendeuse ?

Kaokab : Mais là, c'est pas pareil, je suis obligée.

(Anne-Marie entre. Kaokab va vers elle avec un grand sourire. La petite lui tend un papier dans lequel sont enroulées des pièces de monnaie)

Kaokab : Bonjour, Anne-Marie.

Anne-Marie : Bonjour, Kaokab.

Kaokab : Tu dois avoir hâte de commencer l'école ? Hein !

Anne-Marie : Ah ! oui. J'ai hâte.

Kaokab : Tu veux pas m'emmener avec toi dans ta classe ?

Anne-Marie : Ben non ! T'es ben trop grande !

Kaokab : Je vais me faire petite, petite, petite, pis tu vas me mettre dans ton sac d'école, O.K. ?

Anne-Marie : T'es-tu magique, toi ?

Kaokab : Ben oui, des fois.

Anne-Marie : O.K. d'abord.

(Kaokab l'a servie. Elle la reconduit)

Kaokab : Tu veux une orange ?

(La petite lui fait signe que oui. Kaokab va chercher une orange et la lui donne. Elle lui caresse les cheveux. La petite sort. Kaokab reste le nez collé à la vitre et la regarde partir. Le temps passe. Elle voit des filles de son âge passer avec leur sac d'école, leur costume bleu marin et blouse blanche. Pendant ce temps, Amira vide les boîtes, étiquette la marchandise et la place sur les comptoirs. Rapidement et bien. Kaokab revient à son comptoir. Elle a pris un livre en passant. Elle est debout. Après avoir essayé de travailler, elle tente de lire, mais n'y arrive pas. Elle se frotte les yeux, puis va s'asseoir près de la fournaise. Elle est "ailleurs". Elle joue aux "allumettes amoureuses" : deux allumettes appuyées tête à tête et allumées avec une troisième. Si c'est bien fait, l'une des deux allumettes doit se déplacer vers le haut et se coller définitivement à l'autre)

Kaokab : J'ai donc hâte que tu parles à papa. J'ai donc hâte... Y est quelle heure ?

Amira : Six heures moins cinq.

(Kaokab soupire de satisfaction. Elle se dirige vers la caisse et la "fait" presque joyeusement)

4.

Il est environ midi. Amira et Kaokab mangent sans appétit. On entend la fin des informations, puis on annonce une table ronde sur les abris souterrains en cas de guerre. Ennui mortel. Kaokab va changer de poste. On entend de la publicité. Allergique à la publicité, Kaokab tourne rapidement le bouton.

Kaokab : S'ils pouvaient donc arrêter de parler et passer un peu de musique ! *(Elle tombe sur une chanson rock'n roll)* Amira, viens danser, viens vite.

(Amira ne bouge pas. Kaokab se dirige vers elle, lui prend adroitement la main et l'incite à danser, sans toutefois la brusquer. Petit à petit, Amira oublie ses réticences, emportée par la bonne humeur de sa soeur ; elle a

cependant moins de facilité que Kaokab qui semble faite pour la danse ; son corps est souple et beau quand elle bouge. Elle est comme illuminée, transformée. La chanson terminée, Kaokab garde la main de sa soeur dans la sienne. Elle est comme en attente de la prochaine chanson que le speaker présente longuement. Elle se met à danser sur place et fait des signes au speaker de se dépêcher. Amira sourit de la voir si enjouée. On entend maintenant "Que sera sera" chantée par Doris Day. Kaokab enlace sa soeur et la fait tournoyer. Elle se colle à elle. Joue contre joue, elles dansent mais pas très sérieusement. Un client entre sans être vu, les regarde danser puis s'approche de Kaokab, lui donne de petites tapes dans le dos et lui fait signe qu'il aimerait bien danser avec Amira. Les deux filles sursautent et Amira va vite éteindre la radio)

Le client : Pourquoi tu fais ça ? J'aimerais ça danser moé- si.

Amira : Je regrette mais c'est pas une salle de danse, ici.

Le client : On le dirait pas.

Amira *(avec son ton de vendeuse)* : Qu'est-ce que je peux faire pour vous, monsieur ?

Le client : Tu pourrais peut-être venir à danse avec moé, samedi soir.

Amira : Non merci. *(Reprenant son ton de vendeuse)* Est-ce que vous auriez besoin de quelque chose, monsieur ?

Le client : Ben oui, sais-tu j'aurais besoin d'une fille pour aller danser.

Amira : Je viens de vous le dire. Non, merci !

Le client : Pis toé, la petite, t'aimerais-tu ça ?

Kaokab : Vous êtes sourd. On vient de vous le dire. Non !

Le client : J'avais pas demandé à toé.

Kaokab : C'est pareil. Non !

Amira : Ecoutez, monsieur. Je crois que ça a assez duré. Vous êtes entré ici pour acheter quelque chose, alors dites-moi ce que vous voulez, sinon... *(Elle montre la porte)*

Le client : O.K. d'abord, si t'es pas parlable. Donne-moé donc une bouteille de "Wave set[16]" pis un peigne.

Amira : Est-ce que vous pouvez venir choisir le peigne, monsieur ?

Le client : Arrête de m'appeler monsieur, ça m'én*a*rve. Chus pas ben ben pus vieux que toé après toute. *(Il prend un peigne et, de l'autre main, un miroir. Il se peigne après avoir enduit ses cheveux de "Wave set". Il dépose le peigne sur le comptoir et vient pour en prendre un autre)* Ça peigne pas bien ça !

Amira : Je regrette, monsieur. Vous ne pouvez pas remettre un peigne avec lequel vous vous êtes peigné.

Le client : Pourquoi ça ? T'es ben dure avec moé aujourd'hui...

(Amira se dirige avec le "Wave set" et le peigne vers la caisse, poinçonne les prix et met les articles dans un sac avec un air dégoûté)

Amira : Ça va faire 52 cents avec la taxe, monsieur.

Le client *(après avoir payé)* : T'es sûre, là, que tu veux pas venir à danse, samedi soir ? *(Amira ne répond pas, elle le fusille du regard)* O.K. d'abord, O.K., fâche-toé pas. Ça se peut-tu d'être stiff[17] de même. *(Il sort)*

Kaokab *(prenant l'accent du client)* : T'es ben sûre, là, que tu veux pas aller à danse, samedi soir ? Y é pas ben ben plus vieux que toé après toute. Pis y va être ben peigné à part de ça. Ça te tente pas, t'es sûre ?

(Amira prend quelques airs mi-offusqués, mi-amusés puis va allumer la radio et sélectionne Radio-Canada. On entend la suite de la table ronde où il est question de guerre froide, troisième guerre mondiale, etc... Le camionneur apporte plusieurs boîtes)

[16] Gel pour cheveux
[17] Raide, empesé(e)

5.

Amira défait la vitrine. Kaokab joue avec le tape recorder. Elle cherche quelque chose. On entend des voix d'hommes qui parlent en arabe. Elle fait passer. On entend une voix de femme qui chante une chanson triste sans accompagnement musical. Kaokab écoute attentivement. Dans le fond sonore, on entend des enfants se disputer, puis une voix d'homme qui les fait taire. Kaokab embobine rapidement. Enfin, elle trouve un vide. Elle enregistre sa voix.

Kaokab : Allô, allô. Un, deux, un, deux, trois. Ça fait bientôt deux mille ans que je travaille dans le magasin de mon père... Pour être plus précise, ça fait un an, quatre mois et dix jours que je suis là. J'aimerais danser et chanter toute la journée, mais je ne trouve pas la musique que j'aime, et puis les néons me donnent mal à la tête. Amira, ma soeur, est en train de travailler, comme toujours. Moi, je suis en train de vous parler. *(A Amira)* Amira, veux-tu enregistrer quelque chose, c'est pour les Martiens.

Amira : Dis-leur bonjour de ma part.

Kaokab : Un beau bonjour de la part d'Amira. Qu'est-ce que je voulais dire donc... Ah ! oui... Je suis à peu près certaine que... qu'on n'ira pas en vacances. Le temps passe et Amira n'arrive pas à parler à papa. Je lui avais bien dit que ce serait dur, mais elle me croyait pas.

Amira : C'est pas que j'arrive pas. J'attends le bon moment, c'est tout.

Kaokab : C'est dur à trouver le bon moment ! Y a pas un soir où on peut souper en paix ! Y a toujours quelque chose... de plus important...

Amira : Kaokab, place donc les jeux de dames et les jeux de cartes. La boîte juste à côté de toi. Vérifie. Il est supposé avoir six jeux de dames et une douzaine de jeux de cartes.

Kaokab *(à l'enregistreur)* : Allô, allô. Nous venons de recevoir les jeux de cartes. Je vais pouvoir faire des jeux de patience. Ça fait longtemps que j'en ai pas fait. Ma soeur a vendu mon jeu parce qu'il y en avait plus en magasin et qu'elle voulait pas perdre la vente. Au revoir, à bientôt.

(Elle va vite fouiller dans la boîte et sort un jeu. Elle se fait une place et commence à jouer)

Amira : On va avoir l'air fin si quelqu'un entre... Je t'ai pas dit de jouer, je t'ai dit de placer la marchandise. Oublie pas d'écrire les prix.

Kaokab : Laisse-moi finir ma patience.

Amira : Dieu du ciel ! Y a-tu sur terre quelque chose de plus mortel que des jeux de patience ?

(Kaokab continue à jouer sans grand enthousiasme. D'un geste brusque, elle jette toutes les cartes par terre puis les ramasse une à une. Le temps passe. Amira a fini la vitrine d'automne)

6.

Kaokab : On joue, aujourd'hui ?

Amira : Une petite minute, je vais finir de balayer.

Kaokab : Où as-tu mis la perruque ? Je la trouve plus.

Amira : En dessous de la caisse, à gauche. *(Kaokab pousse un grand cri. Amira se précipite. Elle fait son signe de croix à la manière orthodoxe)* Qu'est-ce qu'il y a ? Ism el salib[18]... Ism el salib...

Kaokab : Un rat !

Amira : Voyons donc... Y a pas de rats ici. T'es sûre que c'était un rat ?

Kaokab : Je te dis. Je l'ai vu.

Amira : Par où il est passé ?

Kaokab : Par là. Qu'est-ce qu'on fait ? On ferme le magasin.

Amira : T'es folle ? C'est vendredi aujourd'hui. C'est notre plus grosse journée de la semaine.

18 *Au nom de la Croix...*

Kaokab : Je veux pas travailler toute la journée avec un rat dans les pattes, moi !

Amira : Moi non plus, j'ai pas envie, mais il le faut, on a pas le choix.

Kaokab : On ferme juste un peu, on l'attrape pis on le tue. O.K. ?

(Amira reste impassible)

Kaokab *(dans un cri)* : Oh ! non ! Pas les rats en plus !

(Kaokab n'en revient pas, elle va prendre un livre, met ses pieds sur une chaise et lit. Amira balaie. Un temps. Kaokab ferme son livre et va vers le tape recorder. Elle met une nouvelle bobine)

Kaokab *(au micro)* : Aujourd'hui, nous avons été envahies par les rats. Ma soeur Amira ne trouve pas ça grave. Elle accepte de vivre avec les rats sans rien faire. Je ne sais comment elle fait. Elle accepte tout. Des fois, j'aimerais bien ça être comme elle. Jamais elle ne se plaint. Elle ne reçoit jamais de compliments ni de mercis pour tout ce qu'elle fait ici. Mais ça n'a pas l'air de la déranger.

Amira : Comment ça, je reçois jamais de compliments ni de mercis ? Efface, efface ! Combien de fois papa a dit, devant témoins, qu'il me doit tout !

Kaokab : Viens, viens plus près du microphone, on t'entendra pas.

Amira : Je m'en fous. Sanadé, sanadé ! Tu sais bien ce que ça veut dire.

Kaokab *(au micro)* : Ça veut dire : "soutien". En français, ça pourrait être le soutien de famille. Non, non, c'est MON soutien. Mais c'est aussi, ma belle, ma grande, ma douce, ma chérie, mon amour... C'est papa qui dit ça à Amira.

Amira : Veux-tu fermer ça, je te parle.

Kaokab : Vas-y. Je t'écoute. *(Elle lui tend le micro)* Qu'est-ce qu'il vous a dit votre père ?

Amira : Il me dit pas merci tous les jours, c'est sûr, mais il a dit que, sans moi, il serait plus pauvre que Job ; que grâce à moi, on peut enfin relever la tête, respirer un peu, ne plus avoir honte.

Kaokab : Honte ?

Amira : Honte d'être pauvres... Quand on est immigrants, c'est honteux de rester pauvres.

Kaokab : C'est pour ça qu'il vous a sortie de l'école ? Pour plus être pauvres ?

Amira : C'est ce qu'il y avait de mieux à faire.

Kaokab : De mieux pour qui ? Pour vous ou pour lui ?

Amira : Pour moi. Pour toute la famille.

Kaokab *(avec sa voix ordinaire)* : C'est sûr. T'es même pas payée.

Amira : Si c'est comme ça, je veux plus te répondre.

Kaokab *(rapidement)* : O.K. O.K... attends. *(Elle va chercher la perruque et reprend sa voix radiophonique)* Depuis quand travaillez-vous ?

Amira : Depuis quatre ans.

Kaokab : Mais c'est extraordinaire ! Vous paraissez si jeune ! Quel âge avez-vous ? Si cela n'est pas trop indiscret...

Amira : Dix-neuf ans.

(Kaokab ne sait plus quoi poser comme question. Amira retourne à son balai)

Kaokab : Attends, attends, laisse-moi le temps de me réchauffer. *(Elle ajuste sa perruque et son sourire)* Je me suis laissé dire que vous partiez après les fêtes, vous et votre jeune soeur...

Amira : Oui. Nous allons fermer le magasin pour deux semaines et nous partirons en vacances.

Kaokab : Comme c'est charmant ! Et où allez-vous ?

Amira : Nous ne savons pas encore. Quelque part où il y a du soleil.

Kaokab : Est-ce que vous croyez que votre père vous laissera partir ?

Amira : Mais bien sûr, voyons !

Kaokab *(faussement naïve)* : Ça fait quatre ans que vous travaillez, ce n'est sûrement pas vos premières vacances.

Amira : Mais oui, imaginez-vous. J'aime tellement travailler que je ne vois pas le temps passer. *(Rire forcé)*

Kaokab : Vous n'êtes jamais tannée, je veux dire... fatiguée ?

Amira : Oui, parfois, je l'avoue. Quand arrive le vendredi, vers quatre heures, ce que nous appelons l'heure creuse... Surtout l'hiver, il fait déjà noir... Je trouve cela un peu difficile à passer. ... Mais, j'ai le dimanche pour me reposer. *(Sourire qui se veut éclatant)*

Kaokab : Je vous trouve extraordinaire ! Vraiment exceptionnelle ! Vous n'avez vraiment jamais eu le goût de partir ?

Amira : Non ! Enfin... euh, j'y ai jamais vraiment pensé. Mais comme je vous disais tout à l'heure, ça ne me dérange pas... j'aime ça, travailler ici.

Kaokab : Mais votre frère pourrait vous remplacer ?

Amira *(reprenant son ton naturel)* : T'es même pas supposée savoir que j'ai un frère.

Kaokab : Ah ! oui, c'est vrai. *(Sur le ton radiophonique)* N'y a-t-il pas dans votre entourage quelqu'un qui pourrait vous remplacer, ne serait-ce qu'une semaine ou deux par année ?

Amira : Il y aurait peut-être mon frère qui pourrait me remplacer mais...

Kaokab : Quel âge a-t-il votre frère ?

Amira : Il aura bientôt dix-huit ans. Mais il est aux études, voyez-vous. Il réussit très bien. L'été, il veut se reposer. C'est normal, il travaille très fort pendant l'année scolaire. Vous savez comme moi que les études, c'est très fatigant.

Kaokab : C'est pas plus fatigant que de travailler ici. En plus moi, je réussissais mieux que lui, et je suis plus jeune que lui ! Moi, je suis là, pis lui continue...

Amira : Décide. Tu veux jouer, oui ou non ? Alors, laisse-moi parler.

Kaokab : Même si on joue, tu peux dire les vraies affaires.

Amira : Penses-tu qu'à la télévision, ils disent les vraies affaires ?

Kaokab : Mais là, c'est pour nous autres, pour se rappeler quand on va être grandes.

Amira : Tu vas écouter ces niaiseries-là quand tu vas être vieille ?

Kaokab : Je les écouterai peut-être pas mais je saurai que c'est là, que c'est pas effacé. ... Un jour on pourra peut-être arriver à comprendre pourquoi...

(Kaokab rebobine la bande magnétique et en place une autre. Elle est "ailleurs". Elle n'entend pas Amira partir)

Amira : Je vais sortir deux minutes. Veux-tu quelque chose à côté ?

(Kaokab met l'appareil en marche et enregistre)

Kaokab *(après une grande respiration)* : Ya bayé, je veux te dire... Je veux te dire... *(Des larmes lui montent aux yeux. Elle a la gorge serrée. Elle se ressaisit et recommence)* Ya bayé, c'est Kaokab qui te parle... Hier j'ai vu des petits enfants tout nus avec de gros ventres. Ils avaient d'énormes yeux tout agrandis par la douleur. Ils marchaient. Ils arrivaient encore à marcher... Leurs mères n'avaient plus de lait... Quand je vois ces images-là à la télévision, je me dis que je suis bien, même si je passe mes journées entières ici. Je suis bien... quand même... Amira est gentille avec moi, elle me laisse lire tant que je veux... Et puis quand j'arrive à la maison, je mange bien... maman nous fait toujours de bons repas. Bayé... je voulais te dire... Je ne veux pas mourir malheureuse. Bayé... je voulais te dire... Yammé... je voulais te dire... Je ne suis pas née... pour pleurer en silence... Il y a autre chose que la souffrance... Je suis sûre... il me semble... qu'il y a autre chose.

7.

Amira rentre en traînant un arbre de Noël. Elle dépose l'arbre et va dans le cagibi. On entend un long cri. On la voit ressortir complètement bouleversée.

Amira : Qu'est-ce qu'on va faire ? Qu'est-ce qu'on va faire ?

Kaokab : Tu as vu le rat ?

Amira : C'est pas "le" rat. LES rats ! J'en ai vu au moins trois. Peut-être qu'il y en avait plus. C'est épouvantable. Qu'est-ce qu'on va faire ? ... Qu'est-ce qu'on va faire ?

Kaokab : On va garder la porte fermée.

Amira : Oui, mais après... qu'est-ce qu'on va faire ?

Kaokab : On en parlera tantôt, il y a quelqu'un qui entre. Assis-toi, je vais aller servir. *(Un client rentre, un homme d'une quarantaine d'années portant, sur le bras, une sorte de sous-vêtement combinant chemisette et long caleçon)* Bonjour, monsieur.

Le client : Bonjour. Euh ! Ma femme a acheté ça la semaine dernière, pis c'est trop petit. Je voudrais l'échanger pour un plus grand.

Kaokab : Quelle grandeur vous prenez, monsieur ?

Le client : Ché pas, c'est toujours ma femme qui m'achète mon linge. D'habitude, a se trompe jamais. Mais c'te fois-là, ché pas où a l'avait la tête.

Kaokab : Ça vous prendrait un 44.

(Elle sort la combinaison de la boîte et la lui tend. Le client prend le sous-vêtement, le déplie et essaie le "Penman's" en le mettant gauchement devant lui)

Le client : Voulez-vous me le tenir ? J'arrive pas à voir si y me va. *(Kaokab y va à contre-coeur. Le client la regarde d'une drôle de façon. Kaokab est mal à l'aise)* Y me semble qui est un peu trop grand.

Kaokab : N'oubliez pas que ça refoule au lavage.

Le client : Je connais pas trop ça, ces affaires-là. Bah ! Si vous le dites, je vas vous croire. *(Il la "zieute" à nouveau)*

Vous connaissez ça mieux que moi, vous êtes une femme, vous !

Kaokab *(se cabrant)*: Est-ce que vous allez le prendre, monsieur ?

Le client : Oui, oui. C'est O.K. Ça va aller de même. J'ai mon sac. Merci. Bonjour.

Kaokab : Bonjour, monsieur, merci. *(Le client sort)* Ça m'enrage ! Quand je les entends dire que je suis une femme. *(Elle imite la voix du client)* "Vous êtes une femme, vous !" Je suis pas une femme. Je suis une fille.

Amira : Tu veux attendre d'être mariée pour qu'on t'appelle une femme ! Si c'est une question d'âge, la femme de l'oncle Karim a ton âge.

Kaokab : Elle a pas mon âge.

Amira : Quand mon oncle a été la chercher au Liban, elle venait juste d'avoir seize ans. Ça fait de ça, même pas un an !

Kaokab : Elle paraît deux fois plus vieille que moi.

Amira : Si on te transportait du jour au lendemain en Alaska et que tu étais obligée de vivre avec un parfait inconnu de vingt ans plus vieux que toi, tu la perdrais vite, ta petite face de bébé. Elle ne connaissait personne. Elle savait même pas parler le français ou l'anglais. Elle savait même pas écrire sa propre langue.

Kaokab *(ironique)* : Comme ça, elle a même pas pu écrire à ses parents pour les remercier. Comme c'est dommage !

Amira : C'est pas drôle...

Kaokab : Je ris pas non plus. Je les déteste. Je les pendrais, ses parents. C'est bien simple, je les pendrais...

Amira : Ils l'aimaient, leur fille. Ils voulaient qu'elle soit heureuse et qu'elle manque de rien. L'envoyer en Amérique avec un homme, c'était le plus beau cadeau qu'ils pouvaient lui faire.

Kaokab : Je les hais pareil. ... En tout cas, moi, je me marierai pas.

Amira : Attends un peu, ma petite fille, que la smala te tombe dessus, et que toutes les ritournelles du mariage te creusent patiemment les oreilles. Watch out ! De toute façon, on y passe toutes.

Kaokab : Pas moi.

Amira : Tu te souviens de la tante Zarifi, le cas désespéré ? Ah ! oui, c'est vrai, tu étais trop petite quand elle est morte. Eh bien figure-toi, ma chère, que la tante Zarifi avait déjà presque trente ans... et elle-n'était-pas-encore-mariée !!!

Kaokab *(en exagérant)* : Non !?!

Amira *(à la manière des conteuses arabes)* : Un beau jour, ma grand-mère se réveille avec en tête une décision inébranlable : marier sa fille à tout prix. J'ai bien dit À TOUT PRIX. La marier avec qui ? That is the question. Un Canadien ? Jamais. Ni Canadien anglais, ni Canadien français, il n'en était pas question. Un Libanais d'ici ? Difficile. Ou bien ils étaient trop vieux, un pied dans la tombe, ou bien trop jeunes. Une fille peut toujours se marier avec un gars de 20 ou 30 ans son aîné, mais jamais avec un plus jeune. Que lui restait-il donc à faire, à notre chère grand-mère ?

Kaokab : Laisser notre tante en paix !

Amira : Pas du tout. Il lui restait... le Liban. Envoyer sa fille se marier au Liban. Hum... Bonne idée. Mais... pas si bonne que ça au fond. Pourquoi ?

Kaokab *(impatiente et renfrognée)* : J'sais-tu moi ?!

Amira : Voyons ! Réfléchis. Elle pouvait pas l'envoyer seule. Une fille ! Il fallait qu'elle y aille avec elle et qu'elles reviennent avec le mari. Compte les billets d'avion : deux fois deux billets plus un billet pour le mari, ça fait cinq billets. C'était vraiment trop cher ! C'est alors que notre grand-mère, qui avait parfois des idées géniales et qui n'avait plus de mari pour la contrarier, a pris une décision : faire venir un mari par catalogue.

Kaokab : Comment ça par catalogue ?

Amira : Sans perdre une seconde, la grand-mère écrit au village à une cousine à elle pour lui demander qui étaient les hommes disponibles qui aimeraient immigrer au Canada. Ça n'a pas été long : la cousine lui a répondu et la grand-mère a fait son choix.

Kaokab : Est-ce qu'il y avait la photo des prétendants, au moins ?

Amira : Je sais pas mais y avait leur pedigree : fils de xyz, cousin de la tante de xyz, neveu du grand-père de... etc, etc. *(Kaokab reste bouche bée)* Eh ! bien oui. Et quelque temps après, un gros nounours est arrivé par la malle[19]. *(Le fou rire la prend)* Un nounours tout poilu qui se prenait pour un lion, ma foi. Mais c'était vraiment dur de se tromper. Il était court sur pattes, avec un gros ventre, de grosses cuisses et des bras tellement courts que les manches de son habit lui tombaient au milieu de la main. En plus de son physique pas trop trop... comment je pourrais dire ? ... pas très très... tu sais ce que je veux dire, il y avait tout le reste. Fraîchement débarqué de sa montagne natale, monsieur se prenait pour un Antar[20] ! Il était arrogant, vaniteux, genre ti-Jos-connaissant. Même la grand-mère ne l'a pas aimé. ... Mais que veux-tu, les affaires sont les affaires... On fait pas venir un gars pour le retourner dans son pays si la marchandise ne convient pas. Alors... Alors, qu'est-ce que tu penses qu'il est arrivé. *(Kaokab ne veut pas répondre. Elle sait ce qui est arrivé... Elle a un regard noir de colère rentrée. Amira fait un signe, comme pour dire : "oui, c'est ça, mais que veux-tu que l'on fasse ?")* Elle avait une santé fragile, elle serait morte de toute façon. Mais là, au moins, ma grand-mère était satisfaite : sa fille est morte... mariée.

(Tout en racontant, Amira a garni l'arbre de Noël avec l'aide de Kaokab. Elles éteignent les lumières du magasin et allument l'arbre. Elles s'assoient et regardent scintiller les lumières en silence)

Kaokab : Hier, j'ai rêvé que j'habitais une grande ville... mais c'était comme un village... tout le monde se connaissait, se parlait. Moi, j'habitais un gratte-ciel... Un jour, il y a eu un assassinat. Puis, le jour suivant, un autre assassinat. Et tous les jours, c'était pareil. La police

19 La poste
20 Sorte de macho qui croit tout savoir

cherchait... enquêtait... et tous les habitants aussi. Moi aussi je cherchais. Ce qui était bizarre... c'est qu'il n'y avait pas de panique. Mais tout le monde voulait trouver le coupable et en finir avec tous ces meurtres... C'étaient des crimes parfaits. Personne n'arrivait à trouver... Jusqu'au jour où je me suis aperçue... je me suis aperçue... que c'était moi la coupable. J'avais tué tous ces gens... sans le savoir. J'étais très surprise, très étonnée, ah ! oui, très étonnée. La criminelle... c'était moi... Mais je ne me sentais pas coupable, j'étais seulement ahurie, complètement ahurie... C'était moi... et je ne le savais pas.

8.

C'est le soir. Le magasin est fermé. Kaokab est au téléphone. Devant elle, le bottin de la ville de Saint-Vincent-de-Paul et des environs. Dans ses mains, une feuille avec le message qu'elle doit lire. Amira prépare la vitrine de Noël.

Kaokab : Oui, madame, c'est mardi qui s'en vient. C'est ça. Bonsoir, madame. *(Elle raccroche, cherche dans le bottin et compose un autre numéro)* Madame Dionne ? *(Lisant)* Bonsoir, madame. C'est le Saint-Vincent 5-10-15¢, madame. C'est pour vous annoncer que nous aurons une grande vente la semaine prochaine. Ça commencera mardi prochain à 9 heures. En plus, on donnera une paire de bas de nylon aux vingt-cinq premières clientes. La vente se poursuivra jusqu'au samedi, à 6 heures. ... Non, madame, c'est pas une vente de liquidation... Non, on n'a pas encore vendu, non... Comment ? Oui, on va avoir de très beaux spéciaux... Non, madame, je peux pas tout nommer. Y a beaucoup trop de choses en spécial... Oui, c'est ça, il faut venir. Bonsoir, madame. *(Elle soupire, exaspérée. Elle compose un autre numéro)* Madame Doucet ? ... Non ? C'est bien le numéro 2487... *(Elle regarde le bottin)* Excusez-moi. C'est madame Dorion ? Oui... Bonsoir, madame Dorion. Ici, c'est le Saint-Vincent 5-10-15¢ ... *(Elle lit tout son texte à une vitesse vertigineuse et raccroche aussitôt)* Ça me fait chier, ça me fait chier, ça me fait donc chier !

Amira : T'es bien commune. T'es rendue comme les petites canadiennes cheap[21].

Kaokab : J'aimerais donc ça être comme eux-autres. Je serais pas ici, au moins.

Amira : Tu serais en train de danser ou de flirter avec les garçons à la patinoire.

Kaokab : Ce serait bien mieux que d'être ici en train de faire le perroquet. Le dimanche ! Notre seule journée de congé.

Amira : Tu comprends pas que ça va nous attirer du monde ?

Kaokab : Je comprends. Je suis pas idiote. Le magasin va être plein à craquer pis on va faire beaucoup d'argent. Je m'en fous ! Je comprends pas pourquoi moi, je suis obligée de me taper cinquante-six mille téléphones et dire cinquante-six mille fois la même chose.

Amira : Je t'ai demandé ce que tu voulais faire : la vitrine ou les téléphones.

Kaokab : Tu sais bien que je peux pas te laisser travailler toute seule... Mais Mounir, il pourrait nous aider ! Il pourrait les faire, les téléphones.

Amira : Mounir étudie ; il prépare ses examens. Pis c'est pas lui qui travaille ici. C'est toi.

Kaokab : C'est bien ce que je dis : pourquoi c'est pas lui ?

Amira : Oh non, tu vas pas recommencer ! C'est à papa que tu devrais demander ça, pas à moi.

Kaokab : Si c'est si facile, qu'est-ce que t'attends pour lui parler de nos vacances ?

Amira : Combien t'en as fait, de téléphones ?

Kaokab : Deux mille quatre cent vingt-huit. *(Amira la regarde avec de gros yeux. Kaokab compte sa liste)* ... Vingt-sept.

Amira : C'est bien. Il faudra que tu en fasses trente autres avant neuf heures et demie.

[21] Vulgaires

Kaokab : Ah non ! Pas trente autres... !

Amira : Yallah, Yallah[22]... ! Encore un petit coup de coeur.

(Kaokab est "ailleurs". Un long silence où l'on entend seulement les feuilles du bottin qu'elle fait tourner distraitement)

Kaokab : Amira, est-ce que tu trouves qu'on est pauvres ?

Amira : Non. Plus maintenant. Pourquoi ?

Kaokab : Parce que je comprends pas... Même si on a de l'argent, même si on a deux magasins, même si je suis pas pauvre, je me sens pauvre... Dans ma classe, on était deux à arrêter l'école : Clairette Ouimet et moi... Quand je pense à Clairette Ouimet - tout le monde l'appelait Clairette Ouimet, jamais Clairette - je la vois les yeux baissés. Elle regardait toujours par terre... Quand je pense à Clairette Ouimet, je vois un petit corps nu, maigre, maigre, avec plein de crachats dessus et je n'arrive pas à les enlever... Je vois encore le dédain des soeurs, année après année, et des filles plus riches qui avaient peur de se salir juste à la regarder. Sa blouse blanche n'était jamais blanche, ni repassée, ni empesée. Sa boucle bleue était toujours un peu croche. Elle avait des taches sur son jumper trop long, des vieilles taches et des nouvelles. Ses souliers jamais bien cirés comme ceux de Marie-Jeanne Allard, de Lise Charbonneau ou de Suzanne Desbiens. Ses mains étaient toujours l'une dans l'autre, comme collées... J'ai jamais vu la couleur de ses yeux... Je pense que si elle avait pu marcher à genoux pour se faire pardonner d'être pauvre, elle l'aurait fait. C'est ça que je pouvais pas supporter. Je voulais qu'elle se lève, qu'elle regarde la soeur en pleine face, devant toute la classe. Je voulais qu'elle la regarde en plein dans les yeux et qu'elle lui dise, fort, fort : "Toi, mon écoeurante, mange donc de la marde, mangez donc toutes de la marde !" Au moins une fois. Une fois... au moins... Elle est partie avant. Sa mère est tombée malade, et elle a été obligée de s'occuper des plus jeunes...

Amira *(avec douceur)* : Arrête de te tourmenter. Travaille. Ça va passer plus vite. On a encore deux heures puis, après, ça va être fini.

[22] *Allez, allez... !*

Kaokab : C'est pas vrai ! C'est pas vrai... c'est jamais fini ! Jamais fini ! Demain matin, on va encore être là. C'est comme une roue qui tourne... qui tourne à vide ! Ma vie passe sans moi... Ma vie... passe sans moi... sans moi... J'ai encore les yeux baissés... *(Tout en larmes, elle va vers le tape recorder et s'enregistre)* Ma aad fiyé[23]... ma aad fiyé... ma aad... fiyé... Je veux m'en aller... Laissez-moi partir... dites-moi de partir... Y avait pas de magasin... Quand j'étais petite... y avait pas de magasin... J'en peux plus... laissez-moi... laissez-moi partir... Kaokab va-t'en... va-t'en, Kaokab... va-t'en... Tu peux pas rester enfermée... Va n'importe où... n'importe où... Kaokab va-t'en... ma aad fiyé... ma aad fiyé... Je courais... pieds nus... je courais...

(Elle est maintenant toute recroquevillée sur elle-même. Amira s'accroupit près d'elle et lui caresse les cheveux)

Amira : Albé, ya albé[24], ça va aller... On va partir en vacances toutes les deux. Tu vas voir, ça va aller... Tu es fatiguée... Moi aussi, j'ai hâte de partir. Un mois encore... un mois et ce sera le soleil. *(Elle la relève)* Ce soir-même, je vais en parler à papa. Ce soir-même, je te le promets... JE TE LE PROMETS.

9.

Amira marche le long des comptoirs. Sa démarche est lente, ses épaules légèrement rentrées. Les boîtes se sont amoncelées dans les allées. Amira ne voit rien. Elle est "ailleurs". Kaokab est assise près de la fournaise et, tout en faisant son jeu de patience, ne quitte pas sa soeur des yeux. Une cliente entre. Elle va vers Amira et lui demande quelque chose. On n'entend pas ce qu'elles se disent. Lentement Amira va vers la caisse. Ses gestes sont mécaniques, sans vie. On n'entend pas la caisse. La cliente paie et sort. Amira va vers la porte et regarde à l'extérieur. Elle ressemble à Kaokab. Le camionneur apporte de nombreuses boîtes. Amira signe le papier sans vérifier le nombre de boîtes. Elle va s'asseoir de l'autre côté de la fournaise. Kaokab tend une tablette de chocolat

23 *Je n'en peux plus...*

24 *Mon coeur, oh mon coeur*

à Amira qui refuse. Kaokab insiste et Amira finit par accepter. Elles sont debout de chaque côté de la fournaise et mangent le chocolat par petits morceaux, lentement. Kaokab regarde Amira mais celle-ci fuit son regard.

Kaokab : Tu glisses, Amira, tu glisses. *(Amira ne réagit pas)* Tu glisses, Amira, tu es sur la pente douce...

Amira *(très lasse)* : Laisse-moi tranquille.

Kaokab : Je te laisserai pas.

Amira : Va lire... laisse-moi.

Kaokab : Ça fait dix jours que je te regarde, que je t'observe. T'as jamais été de même, Amira. Tu tournes en rond, tu n'arrives plus à travailler, tu n'arrives plus à sourire. Ça fait dix jours que j'attends que tu parles.

Amira : Je suis pas faite en pierre. J'ai le droit d'être fatiguée, moi aussi.

Kaokab : Non, Amira. Tu sais bien que c'est plus que ça.

Amira : Ahh ! *(D'un geste de la main, elle fait mine de tout balayer)*

Kaokab : C'est plus que ça.

Amira : Je veux être tranquille. Laisse-moi.

Kaokab : Je te laisserai pas, je te dis.

Amira : Moi, je te dis de me foutre la paix.

Kaokab : Non. Je peux pas supporter de te voir de même. L'une de nous, c'est déjà trop. Pas les deux. Jamais.

Amira : Fiche-moi la paix, tu veux.

Kaokab : Réveille-toi. Réveille-toi !

(Elle agrippe les épaules d'Amira et se met à la secouer)

Amira : Lâche-moi.

Kaokab : Je te lâcherai pas. Regarde-toi ! Regarde-nous : deux chèvres de montagne en cage ! Ouvre-toi les yeux ! On nous a enfermées ici et on a jeté la clé.

Amira : Lâche-moi, je te dis.

Kaokab : Je peux pas te voir mourir tranquillement. Je peux pas. Je veux pas. J'ai enduré beaucoup de choses, j'ai le dos large, une vraie mule. Mais ça, je peux pas... je peux pas !

Amira : Kaokab lâche-moi... Lâche-moi ou je me fâche.

Kaokab : Vas-y, fâche-toi. Tout vaut mieux que cette glaise molle où on est en train de glisser toutes les deux.

(Amira se dégage violemment. Kaokab la rattrape. Elles se battent. Une vraie bataille. On dirait que leur nature montagnarde refait surface. Tour à tour projetées par terre, tirées par les cheveux : elles sont de force égale mais Kaokab est plus agile. Un temps. Un jeune homme entre, les regarde se battre puis d'une voix qui veut se faire entendre)

Le client : Mademoiselle, mademoiselle, est-ce que je pourrais avoir du fil bleu poudre numéro 50 ?

(Les deux filles se tournent vers le client puis se regardent et éclatent de rire)

Amira *(en essayant de ne pas rire)* : Oui, monsieur. Un seulement ?

Le client : Oui.

Amira : Ça fera onze sous avec la taxe.

(Le client paie et sort après avoir jeté un coup d'oeil rapide sur ces "deux folles". Amira et Kaokab se regardent longuement)

Kaokab : Comme ça... il veut pas nous laisser partir.

Amira : C'est pas qu'il veut pas... Mais... il dit qu'on a bien mal choisi le moment. Il dit qu'il faut mettre de l'argent de côté pour aller au Liban... Il dit que c'est mieux d'attendre l'été prochain.

Kaokab : Pis l'été, il va nous dire d'attendre l'hiver...

Amira : L'été, Mounir pourra nous remplacer.

Kaokab : T'es vraiment naïve ! Notre cher frère Mounir ne VEUT pas travailler et tout le monde est d'accord. T'as pas encore compris ?

Amira : Oui, je sais. Ça me fait vraiment de la peine pour toi, Kaokab.

Kaokab : Seulement pour moi ?

Amira : Pour moi aussi. Un peu.

Kaokab : Un peu ?

Amira : Mais ça va passer. Je suis un peu déçue, c'est tout.

Kaokab : C'est plus que ça. Admets-le. C'est une déception qui remonte loin... Au jour où on est partis de notre pays.

Amira : On va y retourner, dans notre pays. On va vendre le magasin puis on va s'en aller.

Kaokab : Arrête de te mentir. Arrête de t'en faire accroire. Le magasin ne se vendra pas !

Amira : Peut-être que t'as raison...

Kaokab : Amira, regarde-moi dans les yeux. Dis-moi franchement, je t'en supplie, dis-moi franchement : est-ce que tu crois une seconde que le magasin va se vendre ?

Amira *(après un silence)* : Non, Kaokab. Je l'ai toujours espéré mais je le crois pas. Y a seulement les immigrants qui achèteraient cette trappe à rats... Comme y vont tous du côté des anglais... on le vendra pas.

Kaokab : Bien. *(Après une grande respiration)* Amira, regarde-moi encore une fois dans les yeux et dis-moi franchement : est-ce que tu crois qu'on pourra sortir d'ici... avant... que le magasin se vende ?

Amira : Non.

Kaokab *(après une respiration de profond soulagement)* : Bien. On est d'accord.

Amira : Oui.

Kaokab : Alors, qu'est-ce qu'on fait ?

Amira : On va attendre un peu... on va voir.

Kaokab *(dans un cri énorme)* : Non, non, non. On a plus le temps, on n'a plus le temps !

Amira : Calme-toi, Kaokab.

Kaokab : Je VEUX plus me calmer. Je veux plus. Ça fait des mois, des années que je me calme, que je me raisonne, que j'attends. Je veux plus attendre. C'est fini Amira, c'est fini. *(Elle prend ce qui lui tombe sous la main et le casse. Du revers de la main, elle envoie voler tout ce qu'il y a sur les comptoirs. Amira tente de la calmer en la tenant par les épaules)* Lâche-moi, lâche-moi. C'est pas partir en vacances que je veux, c'est pas partir au Liban que je veux, c'est partir... être libre... respirer !

Amira : Calme-toi, je t'en supplie, Kaokab. Je t'en supplie, calme-toi.

Kaokab *(se détachant d'Amira et se dirigeant vers le tape recorder)* : Vous ne m'aurez pas, vous ne m'aurez pas. Je veux vivre. *(Au micro)* Oui, je sais maintenant ce que je voulais vous dire. Je sais. Je vous hais, je vous déteste, je vous déteste de m'avoir fait tant souffrir. Je veux vous dire que Kaokab est indestructible, INDESTRUCTIBLE. Vous ne l'empêcherez pas de vivre. Elle s'en sortira malgré vous, malgré votre chantage, votre ignorance, votre immigration, votre amour tordu, malgré vos règles, vos lois, votre argent, votre pauvreté, votre malheur. Je veux vous dire que je ne mourrai pas malheureuse. Je veux vous dire que malgré vous, je suis vivante, VIVANTE ! *(Elle laisse tomber le micro et court comme une déchaînée à travers le magasin)* Enough is enough. Bi kaffé[25], bi kaffé, bi kaffé. On ne se laissera pas enterrer vivantes. Jamais. Jamais !

Amira : Bass chou banna naamal. Chou banna naamal. Allah ysaïdna, Allah ysaïdna[26] !

Kaokab : Allah ! Allah ! C'est plus Allah, c'est nous. Il faut en finir. En finir au plus vite, avant qu'il soit trop tard.

Amira : Oui, mais comment ?

Kaokab : Par nos propres moyens.

Amira : Oui, oui, Kaokab, mais comment ?

25 *Trop, c'est trop !*

26 *Mais qu'est-ce qu'on va faire ? Que Dieu nous vienne en aide !*

Kaokab : Y a pas mille solutions, Amira. Il y en a qu'une seule... et tu le sais.

(Elle allume une allumette et regarde comme si elle voyait le feu pour la première fois)

Amira : Mais tu es folle... Kaokab, tu es folle !

Kaokab *(avec une voix grave, souterraine)* : On a pas le choix, Amira.

Amira : Mais Kaokab, c'est notre travail depuis des années. Mon père a travaillé dix ans, moi quatre ans et toi...

Kaokab : On est prises à la gorge. On va mourir vivantes.

Amira : Oui, oui, je sais. Mais il y a sûrement un autre moyen...

Kaokab : Remettre les clés et s'en aller.

Amira : Non, mais tu te rends pas compte de ce que tu dis ? C'est épouvantable. On risque de les tuer. On peut pas lui faire ça... Il pourrait pas comprendre. De toute façon, ils pourront jamais comprendre... Remettre les clés et s'en aller... D'abord, où veux-tu qu'on aille, hein ? Où ? Veux-tu me le dire ?

Kaokab *(soudainement très lasse et découragée)* : Je ne sais pas... Je ne sais pas... Nulle part... Où qu'on aille... c'est jamais notre place... Quoi qu'on fasse... Je m'appellerai toujours Kaokab, Ka-o-kab !

(Kaokab s'effondre comme une loque. Amira la regarde intensément. Long silence pendant lequel Amira change progressivement d'attitude, comme si elle devenait plus forte, plus déterminée)

Amira : Lève-toi. *(Kaokab ne bouge pas)* Lève-toi. On n'a pas de place, je le sais... Mais même si on n'a pas de place, on va partir d'ici. Il faut en finir. Lève-toi. *(Kaokab ne bouge toujours pas. Amira la prend dans ses bras et la soulève)* On ne peut pas se traîner à genoux toute notre vie.

Kaokab : Mais ça servira à rien ! Ça ne servira à rien !

Amira : C'est maintenant toi qu'il faut convaincre ?

Kaokab : J'ai peur, Amira, j'ai peur...

Amira : On va tout organiser, tout prévoir. Et demain ce sera fini.

Kaokab : Demain ? Tu es sûre ?

Amira : Oui, je suis sûre.

Kaokab : Tu le regretteras pas ?

Amira *(en la posant au sol)* : Je regrette seulement de ne pas l'avoir fait avant... *(Un temps)* Quand j'étais petite, j'allais souvent chercher de l'eau à la fontaine du village. Je rouspétais un peu quand ma mère me demandait d'y aller mais, au fond, j'aimais ça. A chaque fois, je remplissais la cruche un peu plus. Plus je grandissais, plus je devenais forte, et plus je la remplissais... Je la regardais se remplir jusqu'au bord. Même que l'eau finissait par dépasser le bord... L'eau tenait tout seul pendant quelques secondes. A chaque fois, je voulais que l'eau monte plus haut, qu'il se fige tout seul, comme dans un ballon transparent. Mais, à chaque fois fois, après une courbe bien précise, toujours la même, il commençait à couler...

Kaokab : ELLE commençait à couler !

Amira : Elle... Oui, c'est vrai, l'eau c'est féminin. Ça fait dix ans que je parle le français et je me trompe encore sur des choses qui ont l'air si faciles. Amira la grande cruche. La grande cruche avec plein d'éponges dedans. Amira la grande cruche...

Kaokab : Ça se peut pas, changer du jour au lendemain...

Amira : Un jour qui dure vingt ans ! *(Rageuse)* E bayé, maak ha'. Indi el yom el ahad hatta istrih[27]. E bayé, maak ha'... E BAYÉ, MAAK HA'. *(Plus calme, après un temps)* Au village, il était une femme qui avait tout enduré : la pauvreté, la misère, tout... Elle avait élevé une dizaine d'enfants. Elle acceptait tout, même d'être battue. Elle acceptait tout, et restait douce et souriante. Un jour, un jour exactement comme les autres jours de sa vie, son mari s'apprêtait à la battre. Elle est allée doucement à la cuisine. Elle a empoigné le seul gros couteau qu'elle possédait et est revenue, doucement... très doucement.

[27] *Oui, papa, tu as raison. J'ai le dimanche pour me reposer*

Elle a regardé son mari droit dans les yeux et lui a dit : "Non, plus jamais !" *(Silence. Elle prend une longue respiration et se frotte les mains)* Bon ! On a assez perdu de temps. Il faut en finir au plus vite

Kaokab : Je voudrais que ce soit déjà fini. J'ai peur...

Amira : T'en fais pas ma petite soeur, la vie est belle ! Il faut juste savoir comment l'attraper. *(Elle lui jette un vase de "cristal" pris dans une des boîtes de carton. Kaokab l'attrape. Cris de guerre joyeux, des youyous à l'orientale. Amira continue à lancer des vases qui vont parfois se fracasser sur le plancher. Kaokab commence à y prendre goût)* Téléphone à maman pour lui dire qu'on viendra pas souper. Il faut tout préparer.

(Kaokab se dirige vers le téléphone. Amira continue à lancer. Le vase va se fracasser. Au même moment, le téléphone sonne)

Kaokab : Allô, Saint-Vincent 5-10-15¢. Allô, immé ? *(Kaokab est mal à l'aise, comme si elle était prise en flagrant délit)* E, immé, stanna chwayé. *(A Amira)* Maman demande si elle va nous attendre. Il y a du coussa pour souper.

Amira : On va manger des hot-dogs. Non, dis-lui qu'on va manger des sandwiches aux tomates, pas des hot-dogs, sinon, elle serait bien capable de nous envoyer un lunch. Tu sais comment elle est. Dis-lui qu'on mangera du coussa, ce soir. Mmmmm... ça va être bon.

Kaokab *(au téléphone)* : Non, immé, ma fina néjé. Inna choghl ktir... E immé... è mnkol coussa achiyé... è immé, è immé tayeb el coussa... è immé, è immé. Bye immé, bye[28]. *(Elle raccroche. Pendant la conversation et malgré les supplications de Kaokab, Amira a continué de lui lancer des verres à coke)* C'est pas juste, c'est toujours toi qui lances. C'est à mon tour.

Amira : Comme dirait Madame Archambault, là où y a de la gêne, y a pas de plaisir ! Une caisse pleine de verres à coke. Pas cher, deux pour quinze cents. T'as même pas besoin de mettre les prix.

28 *Non, maman, on ne peut pas venir. On a beaucoup de travail... Oui, maman, on mangera des courgettes farcies ce soir... Oui, maman, c'est bon les courgettes... Oui, maman... Au revoir, maman*

(Kaokab se met à lancer des verres dans toutes les directions en émettant des cris de joie. Puis, avec le même élan joyeux, elle va vers Amira et lui dépose un verre sur la tête, lui met les bras en croix et un verre dans chaque main. Elle court chercher des balles qu'elle lance sur les verres afin de les faire tomber)

Amira : Attends, attends, j'ai une meilleure idée. Est-ce que tu te souviens comment ma mère dansait quand on était petites ? Va mettre de la musique, j'arrive.

(Elle se précipite dans le cagibi et revient avec deux verres d'eau. Elle en donne un à Kaokab. Elle prend deux mouchoirs de papier qu'elle place entre l'index et le majeur de chaque main. Elle dépose le verre d'eau sur sa tête et se met à danser une danse montagnarde très différente de la danse du ventre traditionnelle. Kaokab a mis son verre sur sa tête et essaie d'imiter sa soeur. Elle n'y arrive pas très bien. Son verre vacille. Elle le rattrape à temps. Sans se décourager, elle essaie à nouveau. La petite cliente du début de la pièce entre. Kaokab court vers elle)

Kaokab : Le magasin est fermé, ma petite Anne-Marie. Tiens, prends ça. Tu diras à ta mère que c'est un cadeau de la fille du 15¢. *(Elle lui donne le globe terrestre)* Et puis ça aussi. *(Elle lui donne une balle et s'accroupit en face d'elle)* Vas-tu penser à moi quand tu vas être grande ?

Anne-Marie : Oh ! oui.

Kaokab : Moi aussi, je t'oublierai jamais. *(Elle la serre dans ses bras)* Va maintenant.

(Elle lui ouvre la porte. Anne-Marie sort puis se retourne et sourit à Kaokab qui lui envoie un baiser de la main. On entend une autre musique très gaie, très dansante. Amira a enlevé son verre et virevolte à travers le magasin. Elle fait des sons et fait claquer ses doigts. Kaokab, heureuse de voir sa soeur si joyeuse, frappe dans ses mains en suivant le rythme et émet quelques sons pour accentuer la cadence. On dirait qu'une grande fête se prépare. Tout en continuant à danser, Amira donne ses ordres)

Amira : Bon, voilà ! Toi, tu vas monter la garde. Tu vas sortir comme si tu allais prendre un peu d'air. Tu regardes. S'il y a du monde dans la rue, tu fais semblant de rien et...

Kaokab : Est-ce que je mets mon manteau ?

Amira : Est-ce qu'on met son manteau quand on va changer d'air deux minutes ? Non. Bon, fais pareil.

Kaokab : Mais moi, je le mets toujours ; j'aime pas ça avoir froid.

Amira : C'est pas grave, c'est la dernière fois. Après c'est fini. Bon. Quand tu vois qu'il y a personne dans la rue, tu me fais signe. Moi, j'aurai tout préparé. *(A elle-même)* Demain il faudra laisser l'arbre de Noël allumé toute la journée. *(A sa soeur)* Tu me fais signe mais tu restes dehors, t'as compris. *(Kaokab fait signe que oui)* Tu continues à surveiller. Si jamais, tu m'entends, si jamais tu vois quelqu'un qui serait arrivé en voiture par exemple, tu fais tout pour qu'il n'entre pas, pour qu'il ne regarde pas à l'intérieur : tu parles, tu jases, tu placotes... T'as compris ? Surtout, tu fais semblant de rien, O.K. ?

Kaokab : O.K. Mais toi, où tu seras ?

Amira : Après ton signal, je serai dans le cagibi. Ce qui est très important - tu m'écoutes - il faut que tu laisses passer cinq minutes avant d'aller chercher de l'aide. Faut gagner du temps, tu comprends !

Kaokab : C'est trop, il me semble, cinq minutes.

Amira : Mais il faut gagner du temps. ... D'accord, quatre minutes. Prends ma montre. *(Amira détache sa montre, regarde rapidement l'heure et la donne à Kaokab qui la caresse nerveusement avant de la mettre à son poignet)* Tu comptes quatre minutes tout en continuant à surveiller. Moi, j'aimerais mieux cinq, ce serait plus sûr... et tu cours au restaurant d'à côté. Tu cries. Tu dis que tu ne sais pas quoi faire, que tu ne sais pas où est ta soeur... et là tu reviens, comme une folle, me chercher... C'est à ce moment-là que je sortirai du cagibi. Je resterai là jusqu'à la dernière minute, tu comprends, au cas où quelqu'un rentrerait à l'improviste...

Kaokab : Oui, je comprends.

Amira : Il faut être en danger, il faut gagner du temps, sinon personne va nous croire.

Kaokab : Oui, je comprends.

Amira : O.K. Bon. On l'essaye. Comme si c'était pour vrai. *(Kaokab est troublée ; elle touche sa montre ; elle hésite)* Vas-y ! On répète. ... Ben vas-y !

Kaokab *(la tête dans la porte)* : Je peux rentrer si je vois du monde ?

Amira : Oui, je te l'ai dit : on fait tout, comme si c'était vrai.

(Kaokab sort. Elle regarde et rentre précipitamment)

Kaokab : Ça commence bien ! Y a la femme saoule qui est affalée devant la porte de l'hôtel. Elle voit rien, mais c'est une personne quand même... Ya Allah, ya Allah.

Amira : Attends, elle va s'en aller. On a tout le temps... *(Les deux soeurs se regardent. C'est un très long regard chargé de peur, de tension. Amira décroche la première)* Vas-y. Regarde.

Kaokab *(regardant dehors sans sortir)* : Y a un homme qui la traîne de force, il essaie de la rentrer dans une auto. Ya Allah, ya Allah.

(Kaokab est troublée par la scène de la femme saoule ainsi que par ce qu'elle doit faire)

Amira : Assez de lamentations. Vas-y.

(Kaokab sort. La porte reste entrouverte. Amira regarde l'arbre de Noël allumé. Elle regarde la boîte d'allumettes puis Kaokab. Un temps d'hésitation Kaokab se retourne, fait signe qu'il n'y a personne. Amira lui rappelle qu'elle doit rester dehors au moins quatre minutes. Amira regarde quelques instants sa soeur qui est maintenant de dos. Elle saisit un contenant d'essence à briquet et asperge l'arbre de Noël. Elle prend la boîte d'allumettes, la retourne dans ses mains et observe rapidement le magasin. Elle ouvre la boîte, en sort deux allumettes, les frotte ensemble sur la boîte, regarde sa soeur et jette rapidement les allumettes

sur l'arbre de Noël qui flambe. Amira regarde les flammes. ... Court-circuit. Les flammes s'étendent à une vitesse affolante. La porte claque violemment. Kaokab se retourne et voit le feu à l'intérieur. Amira court vers la porte pour sortir)

Kaokab : Amira, Amira... mon tape, mon tape... *(Amira ouvre la porte. Kaokab veut entrer. Amira l'en empêche)* Je veux mon tape, mon tape, je veux mon tape !

(Elle s'arrache à l'emprise d'Amira et rentre)

Amira : Tu es folle Kaokab ! Kaokab, Kaokab, reviens.. *(Elle sort du magasin)* Quand on brûle, il faut tout brûler. Kaokab, Kaokab, reviens. Lèzim nkhaless min kil chi[29]. Lèzim nkhaless min kil chi.

(Un temps. On voit Kaokab qui se dirige vers la porte ; ses vêtements ont pris feu. Elle a dans ses mains sa bande magnétique. Fumée. Noir. On entend la voix de Kaokab sur bande magnétique)

Voix de Kaokab : Quand j'étais petite, je courais pieds nus sur la terre rouge, je courais pieds nus sur la terre rouge, je courais pieds nus, je courais, je courais, je courais, je...

Fin

[29] *Il faut en finir avec tout.*

Lansman Editeur-Diffuseur

63, rue Royale B-7141 Carnières-Morlanwelz (Belgique)
Téléphone (32-64) 44 75 11 - Fax/Télécopie (32-64) 44 31 02
E-mail : lansman.promthea@gate71.be
http://www.gate71.be/~lansman

Les filles du 5-10-15¢
est le deux cent trente-quatrième ouvrage
publié aux éditions Lansman
et le cinquante et unième
de la collection "Nocturnes Théâtre"

8 Euros
(Toutes taxes comprises)
ISBN 2-87282-233-X

Diffusion et/ou distribution au 1/10/98
Contacter l'éditeur
Vente en librairie et par correspondance

Les éditions Lansman bénéficient du soutien
de la Communauté Française de Belgique
(Direction du Livre et des Lettres),
de l'Asbl Promotion Théâtre et de la

SACD
Société des Auteurs
et Compositeurs Dramatiques

Achevé d'imprimer par l'imprimerie Daune à Morlanwelz
Dépôt légal : octobre 1998